BEI GRIN MACHT SICH IHR WISSEN BEZAHLT

- Wir veröffentlichen Ihre Hausarbeit,
  Bachelor- und Masterarbeit

- Ihr eigenes eBook und Buch -
  weltweit in allen wichtigen Shops

- Verdienen Sie an jedem Verkauf

Jetzt bei www.GRIN.com hochladen
und kostenlos publizieren

Susan Pedersen

Das Konzept des Qualitätsmanagements

GRIN Verlag

Bibliografische Information der Deutschen Nationalbibliothek:

Die Deutsche Bibliothek verzeichnet diese Publikation in der Deutschen National-
bibliografie; detaillierte bibliografische Daten sind im Internet über http://dnb.d-
nb.de/ abrufbar.

Dieses Werk sowie alle darin enthaltenen einzelnen Beiträge und Abbildungen
sind urheberrechtlich geschützt. Jede Verwertung, die nicht ausdrücklich vom
Urheberrechtsschutz zugelassen ist, bedarf der vorherigen Zustimmung des Verla-
ges. Das gilt insbesondere für Vervielfältigungen, Bearbeitungen, Übersetzungen,
Mikroverfilmungen, Auswertungen durch Datenbanken und für die Einspeicherung
und Verarbeitung in elektronische Systeme. Alle Rechte, auch die des auszugsweisen
Nachdrucks, der fotomechanischen Wiedergabe (einschließlich Mikrokopie) sowie
der Auswertung durch Datenbanken oder ähnliche Einrichtungen, vorbehalten.

Impressum:

Copyright © 2012 GRIN Verlag GmbH
Druck und Bindung: Books on Demand GmbH, Norderstedt Germany
ISBN: 978-3-656-36760-4

Dieses Buch bei GRIN:

http://www.grin.com/de/e-book/209010/das-konzept-des-qualitaetsmanagements

Universität Greifswald
Institut für Psychologie

Hausarbeit im Modul: Arbeits- und Organisationspsychologie

Dozent:

Thema der Hausarbeit:

Erläutern Sie das Konzept des Qualitätsmanagements.

Sommersemester 2012
Version vom

Bachelor of Arts
Teilstudiengang General Studies
6. Fachsemester

Susan Pedersen

Anzahl der Wörter: 1514

Inhaltsverzeichnis

1. Einleitung

Wir leben in einer globalisierten Welt mit einem liberalen Welthandel. Das hat zur Folge, dass wir ständig neue Produkte aus den verschiedensten Ländern konsumieren können. Wir haben bei einer Palette von ähnlichen Waren, zum Beispiel bei Handys oder Autos, die Möglichkeit uns zwischen dutzenden Herstellern und hunderten verschiedenen Modellen zu entscheiden. Was beeinflusst nun unsere Kaufentscheidung bei dieser riesigen Auswahl? Die PIMS-Studie (Profit Impact of Market Strategies) gibt darauf Antwort - ein Faktor ist die Produktqualität (Bornewasser, 2009, S. 214). Ein bekanntes Qualitätssiegel ist der Schriftzug 'Made in Germany', mit dem viele deutsche Produkte gekennzeichnet sind. In einem Hochlohnland wie Deutschland kann die Produktqualität ein ausschlaggebender Faktor gegenüber der Konkurrenz aus den Niedriglohnländern sein (Brüggemann & Bremer, 2012, S. 1). Aber wie erreicht man eine hohe Produktqualität? Ein Konzept hierzu ist das Qualitätsmanagement, welches ich hier etwas genauer erläutern möchte. Dazu werde ich als erstes Qualität und Management definieren und anschließend auf die historische Entwicklung des Qualitätsmanagements eingehen. Anschließend gehe ich auf die verschiedenen Qualitätsmanagementkonzepte ein, um abschließend daraus ein Resümee zu ziehen.

2. Definitionen

2.1 Qualität

"Die Gesamtheit der Leistungsmerkmale und Eigenschaften eines Produktes oder einer Dienstleistung, die einen Einfluss auf die Eignung dieses Produktes oder dieser Leistung nehmen, bestimmte Anforderungen zu erfüllen" (Hochheimer, 2011, S. 227). Dies ist eine von vielen Qualitätsdefinitionen, eine andere lautet: "Aktuell wird Qualität als eine Konsellation von Eigenschaften verstanden, die einem Produkt einen hohen Nutzen für den Kunden vermittelt" (Garvin, 1988, nach Bornewasser, 2009, S.215). Aus diesen Definitionen geht hervor das Qualität im Verhältnis zu den Kundenerwartungen des Produktes steht (Bornewasser, 2009, S. 215).

2.2 Management

Das Wort Management wird heut in vielen Bereichen benutzt, um eine systematische Bearbeitung zu signalisieren (Häcker & Stapf, 2004). Eine genaue Definition lautet: "Management, als Bezeichnung für spezielle Arten von Tätigkeiten, die Planung, Organisation, Leitung und Kontrolle von Personen oder von Arbeitsaktivitäten bei der effizienten Zielerreichung dienen" (Häcker & Stapf, 2004, S.570).

Aus diesen Definitionen von Qualität und Management lassen sich schon einige Schwerpunkte des Qualitätsmanagement ableiten, das sind die Kundenorientierung, die Quälitätsplanung und die Verbesserungsorientierung.

3. Historische Entwicklung

Bereits durch die ganze menschliche Geschichte ziehen sich Qualitätsentscheidungen, angefangen bei der Auswahl der Nahrungsmittel bis zur Abänderung von Naturgegenständen, um diese nach eignen Wünschen nutzen zu können (Ketting, 1999, S. 17). Sicherlich ist das nicht mit dem heutigen Qualitätsmanagement vergleichbar. Wie sich die Entwicklung zu diesem vollzogen hat, werde ich jetzt an einigen Beispielen skizzieren.

3.1 Frühe Qualitätskontrollen

Schon um 25 v. u. Z. ist eine Veränderung des Qualitätsgedankens festzustellen, da in dem Werk 'Zehn Bücher der Baukunst' von Vitruv genaue Qualitätsvorschriften in den Anleitungen zur Bauausführung gegeben werden (Ketting, 1999, S. 20). Diese gehen auch erstmals auf den Kundenwunsch ein, womit man sagen kann, dass es sich um eine der ersten dokumentierten Qualitätsanforderungen handelt (Ketting, 1999, S. 20). Im Mittelalter erstarkte das Handwerk, es kamen die ersten Zünfte auf und diese beschlossen zum Beispiel Vorschriften über Arbeitsgänge und Rohstoffe, womit eine Qualiätssicherung statt fand (Ketting 1999, S. 21). Darauf reagierend erließen auch Monarchen und Behörden Qualitätsrichtlinien, wie beispielsweise König

Eduard I. von England, welcher ab 1300 alle Weber bestrafte, die zur Tuchherstellung minderwertige Wollsorten verarbeiten (Ketting 1999, S. 21). Durch die Erfindung und Einführung von mechanischen Arbeitsmaschinen im 18. Jahrhundert ging die direkte Einflußnahme des Menschen auf die Erfüllung von Qualitätsanforderungen zum Teil auf die indirekte Einflußnahme über (Ketting, 1999, S.23). Auch bekam die Wissenschaft eine immer größer werdene Rolle, da durch neu gewonnene naturwissenschaftliche Erkenntnisse nun auch Untersuchungen zum Materialverhalten durchgeführt wurden (Ketting, 2009, S. 23). So richtete das deutsche Unternehmen Krupp im Jahre 1863 das erste firmeneigene Prüflabor ein (Ketting, 2009, S.23).

3.2 Die erste Hälfte des 20. Jahrhundert

Im Jahr 1913 begann Henry Ford mit der vollständigen Fertigung von Automobilen am Fließband und der Ingenieur Frederick Winslow Taylor entwickelte ein darauf angepasstes System der Arbeitsorganisation (Ketting, 2009, S. 24). Dies hatte aufgrund der geringen Qualifizierung der Arbeitskräfte und der Monotonie des Arbeitsalltages eine negative Auswirkung auf die Qualität, die Qualitätskontrolle erfolgte bei Ford lediglich durch das Aussortieren von fehlerhaften Teilen (Ketting, 2009, S. 24). Walter Andrew Shewhart lieferte mit seinem Werk 'Economic Control of Quality of Manufactured Product' im Jahr 1931 ein einfaches Hilfsmittel, mit dem nun immerhin eine statistische Überwachung des Fertigungsprozesses möglich war (Masing, 2009, S. 25).

Die neuen technischen Möglichkeiten der damaligen Zeit sowie die neuen Verfahren führten dazu, dass die Qualitätskontrollen zunehmend prozessorientierter wurden (Ketting, 2009, S. 26). Dies bedingte auch eine genauere Auseinandersetzung mit dem Ursache-Wirkung-Prinzip von vorhanden Fehlern und führte dazu, dass sich zum einen das Qualitätsverständnis veränderte und zum anderen dass die reine Güteprüfung sich zu fertigungsprozessorientierten Qualitätskontrollen entwickelte (Masing, 2009, S. 26).

4. Die zweite Hälfte des 20. Jahrhundert – Das gezielte Qualitätsmanagement

Im Jahr 1950 ging Wiliam Edwards Deming, ehemaliger Schüler von Walter Andrew Shewhart nach Japan. Dort entwickelte er eine das gesamte Unternehmen betreffende Qualitätsphilosophie, der 14 Managementprinzipien zu Grunde liegen (Brüggemann & Bremer, 2012, S. 8). Die Hauptaussage davon ist der Zustand der ständigen Verbesserung, die im PDCA-Zyklus (Plan-Do-Check-Act-Zyklus) veranschaulicht wird (Brüggemann & Bremer, 2012, S.9).

Abb. 1: Plan-Do-Check-Act-Zyklus (TU Wien 2012)

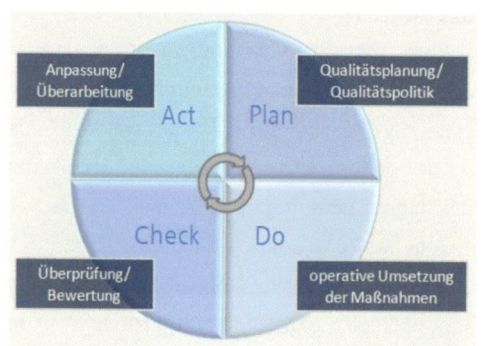

Die Kundenbedürfnisse stellte Armand Vallin Feigenbaum mit seinem 1961 veröffentlichten Konzept der 'Total Quality Control' (TQC) in den Mittelpunkt des Unternehmens, wonach alle Mitarbeitenden für Qualität zuständig sind (Brüggemann & Bremer, 2012, S.10). 1964 wurde Philip Bayard Crosby vom amerikanischen Verteidigungsminister für sein aus vier Punkten bestehendes 'Null-Fehler-Programm' ausgezeichnet, welches auf fehlerfreie Produktion ohne Ausschuss und ohne Nacharbeit abzielt (Brüggemann & Bremer, 2012, S.10).

4.1 Weiterentwicklung zum TQM

Nachdem Demings Ideen in Japan schon seit den 1950er Jahre Beachtung fanden, wurden diese zum Total Quality Management (TQM) weiterentwickelt (Bornewasser, 2009, S. 214). Der Kern des TQM umfasst die Kunden-, Verbesserungs- und Prozessorientierung (Bornewasser, 2009, S. 217). Bei der Kundenorientierung gilt die Erfüllung einer kundenseitig definierten Nutzenfunktion als Qualität, wobei man sich verschiedener Methoden bedient, wie zum Beispiel Kundenbefragungen (Bornewasser, 2009, S. 216). Auch hier wird wieder vom idealen Null-Fehler-Ziel ausgegangen; über reale Fehlerqouten oder über mögliche Fehlerquellen wird die objektive Zuverlässigkeit gemessen, wobei die Fehler bei einer Million Fehlermöglichkeiten erhoben werden (Bornewasser, 2009, S. 215). Der Six Sigma-Ansatz bringt über die Standardabweichung der Fehlerzahl die Qualität im Sinne von Verminderung von Variationen zum Ausdruck (Bornewasser, 2009, S. 217). Der Mittelpunkt des Qualitätsmanagements ist der Prozess mit seinen Schnittstellen, welche die Kunden, die Lieferanten von Rohstoffen, aber auch die firmeneigene Organisation betreffen - somit handelt es sich um eine Prozesskette (Bornewasser, 2009, S. 217). Es gibt hier zwei Möglichkeiten Einfluss auf die eigenen Prozesse zu nehmen, zum einen die Beherrschung der Prozesse der Kooperationspartner und zum anderen die Optimierung der eigenen Prozesse, durch eine dauerhafte Erzeugung von Fehlerlosigkeit, Qualität und Zuverlässigkeit (Bornewasser, 2009, S. 218). Bei der Verbesserungsorientierung geht es darum die Standardabläufe zu optimieren und damit die Fehlerfreiheit anzuheben, was durch einen konstruierten kontinuierlichen Verbesserungsprozess (KVP) bewerkstelligt wird (Bornewasser, 2009, S. 219). Dies geschieht zum Beispiel durch die Etablierung des PDCA-Schemas, für das das Management die Vorraussetzungen schaffen muss (Bornewasser, 2009, S. 219). Eine weitere Aufgabe des Managements besteht darin, die Verbesserungen auf Dauer in den vorhandenen Prozessen zu integrieren (Bornewasser, 2009, S. 219).

4.2 TQM in Europa

Die European Foundation for Quality Management (EFQM) ist eine gemeinnützige Organisation, die sich 1988 in Brüssel gegründet hat (Hochheimer, 2011, S. 68). Sie ist die europäische Antwort auf amerikanische und japanische Qualitätsmanagementkonzepte, da sie noch im Gründungsjahr das EFQM-Modell entwickelte, welches ein Qualtätsmanagementsystem nach den Prinzipien des TQM darstellt (Hochheimer, 2011, S. 68). Das Kernstück bildet die RADAR-Logik (Abb. 2), in der die sich immer wiederholenden Phasen des Veränderungsprozesses beschrieben werden (Bornewasser, 2009, S. 221). Seit 2010 gilt ein überarbeitetes Modell, bei dem die Grundsätze neu formuliert wurden (siehe Abb. 3).

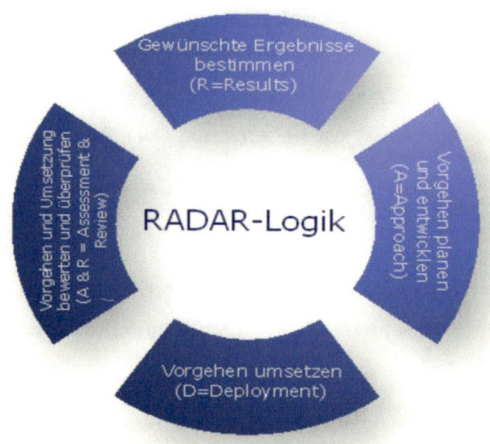

Abb. 2: RADAR-Logik (Niedersächsisches Kultusministerium 2012)

Abb. 3: EFQM-Modell (Initiative Ludwig-Erhard-Preis 2010)

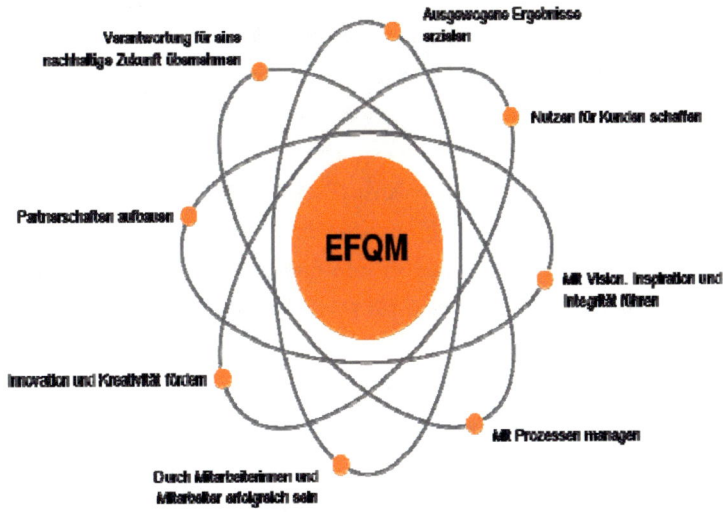

4.3 Die Internationale Organisation für Normung – ISO

Die ISO ist eine Normungsorganisation, die mit Ausnahme für Elektrik und Telekommunikation internationale Normen erarbeitet (Hochheimer, 2011, S.127). Besonders wichtig für das Management ist die Normenreihe EN ISO 9000ff. Diese regeln Grundsätze für das Qualtitätsmanagement, wobei das EN vor der ISO-Norm kennzeichnet das es sich um eine europäische Norm handelt, ein Beispiel dafür ist die EN ISO19011, die eine Anleitung für externe Prüfer von Qualitäts- und Umweltmanagementsystemen bereit stellt (Hochheimer, 2011, S.128).

5. Resümee

Nachdem ich auf die historische Entwicklung des Qualitätsmanagement eingegangen bin, habe ich die moderneren Ansätze beleuchtet. Ein Kritikpunkt den ich sehe ist die Selbstbewertung im Rahmen verschiedener Ansätze, da diese bestimmt nicht immer objektiv ausfallen, auch halte ich den Ausgangspunkt, also die Idealvorstellung von einem Null-Fehler-Ansatz bei Menschen für schwierig. Des Weiteren leben wir in einer schnelllebigen Wirtschaftswelt, von daher denke ich z.b. Das die Einführung von TQM bei manchen Betrieben für schwierig, da die Unternehmensphilosophie eventuell geändert werden muss und das in der heutigen Zeit schon den Bankrott bedeuten kann. Ich denke Qualität als Firmenphilosophie anzuerkennen ist in diesem Wirtschaftssystem zum Teil schwierig, ein Beispiel dafür ist die geplante Obsoleszens, die eigentlich jedem Qualitätsgedanken entgegensteht und trotzdem ist es allgemein bekannt, dass zum Beispiel die Lebensdauer von Glühbirnen am Anfang des letzten Jahrhunderts von allen großen Herstellern begrenzt wurde, damit sie eine nicht enden wollende Einnahmequelle haben.

6. Literaturverzeichnis

Bornewasser, M. (2009). *Organisationsdiagnostik und Organisationsentwicklung.* Stuttgart: Kohlhammer.

Brüggemann, H., & Bremer, P. (2012). *Grundlagen Quälitätsmanagement. Von den Werkzeugen über Methoden zum TQM.* Wiesbaden: Vieweg + Teubner Verlag.

Häcker, H., Stapf, K.-H. (Hrsg.). (2004). *Dorsch Psychologisches Wörterbuch* (14. vollständig überarb. u. erw. Aufl.). Bern u.a.: Verlag Hans Huber.

Hochheimer, N. (2011). *Das kleine QM-Lexikon. Begriffe des Qualitätsmanagements aus GLP, GCP, GMP und EN ISO 9000* (2. vollst. überarb. u. erw. Aufl.). Weinheim: Wiley-VCH.

Initiative Ludwig Erhard Preis (2010, 03. August). *EFQM-Modell 2010.* Zugriff am 09. August 2012 unter http://de.wikipedia.org/w/index.php?title=Datei:EFQM-Modell_2010.svg&filetimestamp=20100803181136#metadata (Originalquelle war nicht auffindbar)

Ketting, M. (1999). Kapitel 2 – Geschichte des Qualitätsmanagements. In Masing, W. (Hrsg.), *Handbuch Qualitätsmanagement* (S. 17-30). München/Wien: Carl Hanser Verlag.

Niedersächsisches Kultusministerium (2012). *Das EFQM-Modell für Excellence.* Zugriff am 09. August 2012 unter http://www.bbs-reko.mmbbs.de/index.php?id=5&no_cache=1&sword_list[]=radar-logik

TU Wien (2012). *Plan-Do-Check-Act-Zyklus.* Zugriff am 09. August 2012 unter http://www.tuwien.ac.at/fileadmin/t/ce/Bilder/PDCA_small.png